Basic Hangul Learning
for Foreigners

외국인을 위한

기초 **한글배우기**

② 문장편

권용선 저

대표한자

아 이 한 자
www.ihanja.com

외국인을 위한 기초 한글 배우기

한글배우기 ❷ 문장편

2018년 3월 10일 초판 1쇄 인쇄
2018년 3월 15일 초판 1쇄 발행

발행인 배영순
저자 權容璿(권용선)
펴낸곳 홍익교육
기획・편집 아이한자 연구소
출판등록 2010-10호
주소 경기도 광명시 광명동 200-6 한진상가 B동 309호
전화 02-2060-4011
정가 12,000원
ISBN 979-11-88505-03-6 / 63710

한글은 자음 14자, 모음 10자 그 외에 겹자음과 겹모음의 조합으로 글자가 이루어지며 소리를 갖게됩니다. 한글 조합자는 약 11,170자로 이루어져 있는데, 그중 30% 정도가 주로 사용되고 있습니다.

이 책은 실생활에서 자주 사용하는 우리말을 토대로 ①기초편 ②문장편 ③대화편 ④생활편으로 구성하였고, ②문장편의 내용은 다음 사항을 중심으로 개발되었습니다.

• 기본 문장을 읽고 따라 쓰기와 어울리는 꾸미는 말로 구성하였습니다.
• 육하원칙과 문장의 뜻을 돕거나 문장을 구별하는 문장 부호를 수록하였습니다.
• 반복적인 쓰기 학습을 통해 자연스레 한글을 습득할 수 있도록 '쓰기'에 많은 지면을
  할애하였습니다.
• 한국의 일상생활에서 자주 사용되는 글자나 낱말을 중심으로 내용을 구성하였습니다.
• 사용빈도가 높지 않은 한글에 대한 내용은 줄이고, 꼭 필요한 내용만 수록하였습니다.

언어를 배우는 것은 문화를 배우는 것이며, 사고의 폭을 넓히는 계기가 됩니다. 이 책은 한글 학습에 기본이 되는 교재이므로 내용을 꼼꼼하게 터득하면 한글은 물론 한국의 문화와 정신까지 폭넓게 이해하게 될 것입니다.

저자 **권용선**

차 례 CONTENTS

기본 문장

다음 기본 문장을 읽고 따라 쓰세요.

기차가 간다.

나비가 난다.

버스가 온다.

새가 운다.

다음 기본 문장을 읽고 따라 쓰세요.

기차가 갑니다.

나비가 납니다.

버스가 옵니다.

새가 웁니다.

다음 기본 문장을 읽고 따라 쓰세요.

아기가 걷는다.

강아지가 잔다.

토끼가 뛴다.

차가 움직인다.

다음 기본 문장을 읽고 따라 쓰세요.

아기가 걷습니다.

강아지가 잡니다.

토끼가 뜁니다.

자동차가 움직입니다.

다음 기본 문장을 읽고 따라 쓰세요.

공이 구른다.

꽃이 핀다.

강물이 흐른다.

말이 달린다.

다음 기본 문장을 읽고 따라 쓰세요.

공이 구릅니다.

꽃이 핍니다.

강물이 흐릅니다.

말이 달립니다.

다음 기본 문장을 읽고 따라 쓰세요.

공을 찬다.

글을 쓴다.

꽃을 그린다.

밥을 먹는다.

다음 기본 문장을 읽고 따라 쓰세요.

공을 찹니다.

글을 씁니다.

꽃을 그립니다.

밥을 먹습니다.

다음 기본 문장을 읽고 따라 쓰세요.

손을 씻는다.

옷을 입는다.

그림을 본다.

책을 읽는다.

다음 기본 문장을 읽고 따라 쓰세요.

손을 씻습니다.

옷을 입습니다.

그림을 봅니다.

책을 읽습니다.

다음 기본 문장을 읽고 따라 쓰세요.

활을 쏜다.

이를 닦는다.

배를 탄다.

주스를 마신다.

다음 기본 문장을 읽고 따라 쓰세요.

활을 쏩니다.

이를 닦습니다.

배를 탑니다.

주스를 마십니다.

다음 기본 문장을 읽고 따라 쓰세요.

키가 크다.

종이가 가볍다.

지구가 둥글다.

토끼가 빠르다.

다음 기본 문장을 읽고 따라 쓰세요.

키가 큽니다.

종이가 가볍습니다.

지구가 둥급니다.

토끼가 빠릅니다.

다음 기본 문장을 읽고 따라 쓰세요.

밥이 맛있다.

가방이 무겁다.

장미꽃이 예쁘다.

얼음이 차갑다.

다음 기본 문장을 읽고 따라 쓰세요.

밥이 맛있습니다.

가방이 무겁습니다.

장미꽃이 예쁩니다.

얼음이 차갑습니다.

다음 기본 문장을 읽고 따라 쓰세요.

은행잎이 노랗다.

창문이 깨끗하다.

하늘이 파랗다.

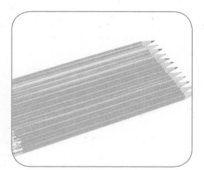

연필이 길다.

다음 기본 문장을 읽고 따라 쓰세요.

은행잎이 노랗습니다.

창문이 깨끗합니다.

하늘이 파랗습니다.

연필이 깁니다.

다음 기본 문장을 읽고 따라 쓰세요.

사과는 과일이다.

지우개는 학용품이다.

고양이는 동물이다.

비둘기는 새이다.

다음 기본 문장을 읽고 따라 쓰세요.

사과는 과일입니다.

지우개는 학용품입니다.

고양이는 동물입니다.

비둘기는 새입니다.

다음 기본 문장을 읽고 따라 쓰세요.

배추는 채소이다.

나비는 곤충이다.

치마는 옷이다.

주스는 음료수이다.

다음 기본 문장을 읽고 따라 쓰세요.

배추는 채소입니다.

나비는 곤충입니다.

치마는 옷입니다.

주스는 음료수입니다.

다음 기본 문장을 읽고 따라 쓰세요.

사인펜은 필기도구이다.

튤립은 꽃이다.

샌들은 신발이다.

바이올린은 악기이다.

다음 기본 문장을 읽고 따라 쓰세요.

사인펜은 필기도구입니다.

튤립은 꽃입니다.

샌들은 신발입니다.

바이올린은 악기입니다.

다음 기본 문장을 읽고 따라 쓰세요.

가수가 노래를 부른다.

고양이가 병아리를 쫓는다.

호랑이가 고기를 먹는다.

화가가 그림을 그린다.

다음 기본 문장을 읽고 따라 쓰세요.

가수가 노래를 부릅니다.

고양이가 병아리를 쫓습니다.

호랑이가 고기를 먹습니다.

화가가 그림을 그립니다.

다음 기본 문장을 읽고 따라 쓰세요.

야구 선수가 공을 던진다.

오빠가 청소를 한다.

토끼가 풀밭을 달린다.

닭이 알을 낳는다.

다음 기본 문장을 읽고 따라 쓰세요.

야구 선수가 공을 던집니다.

오빠가 청소를 합니다.

토끼가 풀밭을 달립니다.

닭이 알을 낳습니다.

다음 기본 문장을 읽고 따라 쓰세요.

삼촌이 차를 탄다.

사냥꾼이 총을 쏜다.

동생이 동화책을 읽는다.

트럭이 도로를 달린다.

다음 기본 문장을 읽고 따라 쓰세요.

삼촌이 차를 탑니다.

사냥꾼이 총을 쏩니다.

동생이 동화책을 읽습니다.

트럭이 도로를 달립니다.

제
2
장

어울리는 꾸미는 말

다음 문장을 읽고 빈칸에 고쳐 쓰세요.

기차가 간다.

가는 기차

나비가 난다.

버스가 온다.

새가 운다.

[정답] 가는 기차, 나는 나비, 오는 버스, 우는 새

다음 문장을 읽고 빈칸에 고쳐 쓰세요.

기차가 달린다.

달리는 기차

나비가 앉는다.

버스가 선다.

새가 지저귄다.

다음 문장을 읽고 빈칸에 고쳐 쓰세요.

아기가 걷는다.

강아지가 잔다.

토끼가 뛴다.

자동차가 움직인다.

[정답] 걷는 아기, 자는 강아지, 뛰는 토끼, 움직이는 자동차

다음 문장을 읽고 빈칸에 고쳐 쓰세요.

아기가 운다.

강아지가 짖는다.

토끼가 숨는다.

자동차가 달린다.

다음 문장을 읽고 빈칸에 고쳐 쓰세요.

공이 구른다.

꽃이 핀다.

강물이 흐른다.

말이 달린다.

[정답] 는공은 구, 핀다 꽃, 을흐른 강물은, 른다 말은 다

다음 문장을 읽고 빈칸에 고쳐 쓰세요.

공이 튄다.

꽃이 진다.

강물이 출렁인다.

말이 소리친다.

다음 문장을 읽고 빈칸에 고쳐 쓰세요.

키가 크다.

종이가 가볍다.

지구가 둥글다.

토끼가 빠르다.

[정답] 글 키, 가벼운 종이, 둥근 지구, 빠른 토끼

다음 문장을 읽고 빈칸에 고쳐 쓰세요.

키가 작다.

종이가 무겁다.

지구가 파랗다.

토끼가 하얗다.

다음 문장을 읽고 빈칸에 고쳐 쓰세요.

밥이 맛있다.

가방이 무겁다.

장미꽃이 예쁘다.

얼음이 차갑다.

[정답] 밥이 맛있다, 가방이 무겁다, 예쁘다 장미꽃이, 차갑다 얼음이

다음 문장을 읽고 빈칸에 고쳐 쓰세요.

밥이 달콤하다.

가방이 가볍다.

장미꽃이 빨갛다.

얼음이 투명하다.

다음 문장을 읽고 빈칸에 고쳐 쓰세요.

은행잎이 노랗다.

창문이 깨끗하다.

하늘이 파랗다.

연필이 길다.

[정답] 노란 은행잎이, 깨끗한 창문이, 파란 하늘, 긴 연필이

다음 문장을 읽고 빈칸에 고쳐 쓰세요.

은행잎이 파랗다.

창문이 더럽다.

하늘이 투명하다.

연필이 짧다.

어울리는 움직임말

빈칸에 알맞은 움직임말을 [보기] 에서 찾아 넣고, 다시 쓰세요.

[보기] 온다, 난다, 운다, 간다

기차가 (간다).

기차가 간다.

나비가 (   ).

버스가 (   ).

새가 (   ).

빈칸에 알맞은 움직임말을 보기 에서 찾아 넣고, 다시 쓰세요.

보기 옵니다, 납니다, 웁니다, 갑니다

기차가 (갑니다).

기차가 갑니다.

나비가 (   ).

버스가 (   ).

새가 (   ).

빈칸에 알맞은 움직임말을 [보기]에서 찾아 넣고, 다시 쓰세요.

[보기] 움직인다, 뛴다, 잔다, 걷는다

아기가 (   ).

강아지가 (   ).

토끼가 (   ).

차가 (   ).

빈칸에 알맞은 움직임말을 [보기] 에서 찾아 넣고, 다시 쓰세요.

[보기] 움직입니다, 뜁니다, 잡니다, 걷습니다

아기가 (   ).

강아지가 (   ).

토끼가 (   ).

차가 (   ).

빈칸에 알맞은 움직임말을 보기에서 찾아 넣고, 다시 쓰세요.

보기 구른다, 달린다, 핀다, 흐른다

공이 ( ).

꽃이 ( ).

냇물이 ( ).

말이 ( ).

정답 [정답] 말이 달린다, 냇물이 흐른다, 꽃이 핀다, 공이 구른다

빈칸에 알맞은 움직임말을 보기 에서 찾아 넣고, 다시 쓰세요.

보기 구릅니다, 달립니다, 핍니다, 흐릅니다

공이 (　　　　　　).

꽃이 (　　　　　　).

냇물이 (　　　　　　).

말이 (　　　　　　).

빈칸에 알맞은 움직임말을 [보기]에서 찾아 넣고, 다시 쓰세요.

[보기] 찬다, 먹는다, 쓴다, 그린다

공을 (　　　　　　　　).

글을 (　　　　　　　　).

꽃을 (　　　　　　　　).

밥을 (　　　　　　　　).

[정답] 공을 찬다. 공을 찬다. 글을 쓴다. 글을 쓴다. 꽃을 그린다. 꽃을 그린다. 밥을 먹는다. 밥을 먹는다.

빈칸에 알맞은 움직임말을 [보기] 에서 찾아 넣고, 다시 쓰세요.

[보기] 그립니다, 씁니다, 찹니다, 먹습니다

공을 (　　　　　　).

글을 (　　　　　　).

꽃을 (　　　　　　).

밥을 (　　　　　　).

[정답] 찹니다, 차다, 찹니다, 쓰다, 씁니다, 그리다, 그립니다, 먹다, 먹습니다

빈칸에 알맞은 움직임말을 보기 에서 찾아 넣고, 다시 쓰세요.

보기 입는다, 씻는다, 본다, 읽는다

손을 (　　　　　　).

옷을 (　　　　　　).

그림을 (　　　　　　).

책을 (　　　　　　).

[정답] 씻는다, 손을 씻는다, 입는다, 옷을 입는다, 본다, 그림을 본다, 읽는다, 책을 읽는다

빈칸에 알맞은 움직임말을 보기 에서 찾아 넣고, 다시 쓰세요.

보기 읽습니다, 봅니다, 입습니다, 씻습니다

손을 (   ).

_____

옷을 (   ).

_____

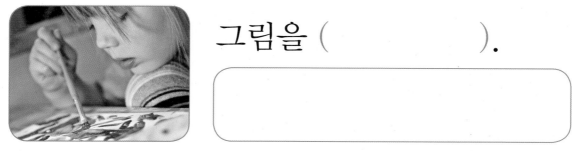

그림을 (   ).

_____

책을 (   ).

_____

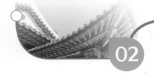

빈칸에 알맞은 움직임말을 보기 에서 찾아 넣고, 다시 쓰세요.

보기 탄다, 쏜다, 마신다, 닦는다

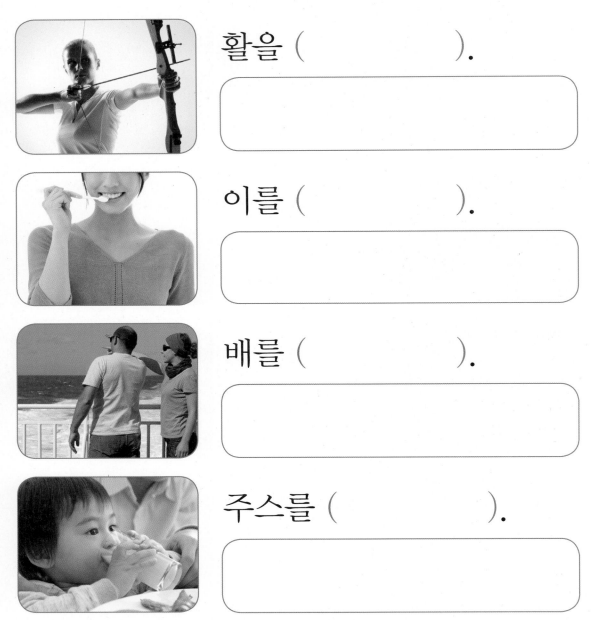

활을 (   ).

이를 (   ).

배를 (   ).

주스를 (   ).

빈칸에 알맞은 움직임말을 보기 에서 찾아 넣고, 다시 쓰세요.

보기 마십니다, 탑니다, 닦습니다, 쏩니다

활을 (　　　　　).

이를 (　　　　　).

배를 (　　　　　).

주스를 (　　　　　).

제
4
장

어울리는 모양말

빈칸에 알맞은 모양말을 보기 에서 찾아 넣고, 다시 쓰세요.

보기 가늘다, 굵다, 가깝다, 멀다

가지가 (굵다).

가지가 굵다.

가지가 (　　　　　).

학교가 (　　　　　).

학교가 (　　　　　).

[정답] 가지가 굵다. 가지가 가늘다. 학교가 가깝다. 학교가 멀다. 굵다. 가늘다. 가깝다. 멀다. 학교가 가깝다. 학교가 멀다.

[정답] 무겁다, 역기가 무겁다, 가볍다, 역기가 가볍다, 얇다, 동화책이 얇다, 두껍다,
동화책이 두껍다

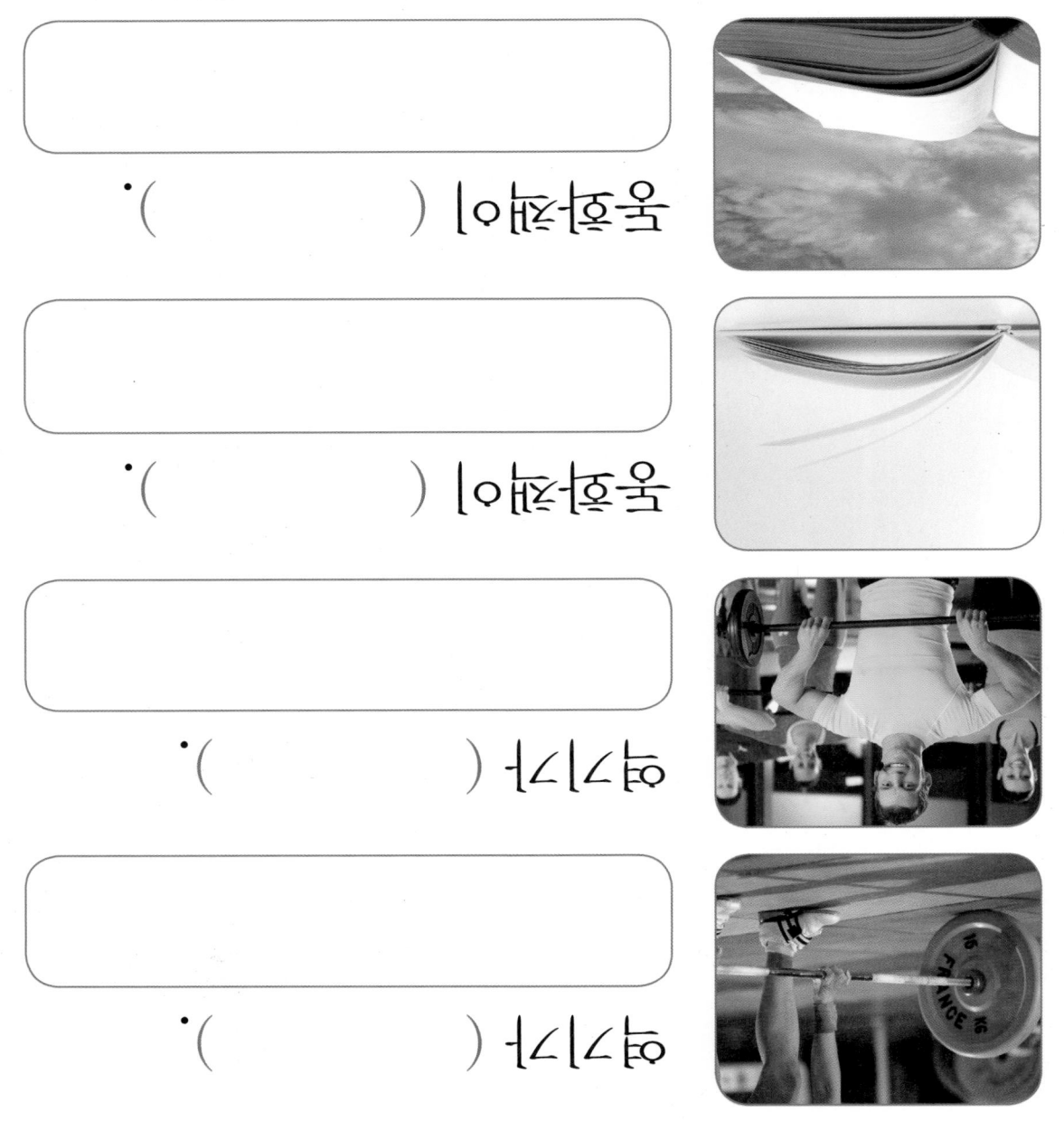

동화책이 ( ).

동화책이 ( ).

역기가 ( ).

역기가 ( ).

보기 가볍다, 무겁다, 얇다, 두껍다

빈칸에 알맞은 낱말을 보기 에서 골라 넣고, 다시 쓰세요.

01 어울리는 모양말

빈칸에 알맞은 모양말을 보기 에서 찾아 넣고, 다시 쓰세요.

보기 길다, 짧다, 깊다, 얕다

연필이 ( ).

연필이 ( ).

물이 ( ).

물이 ( ).

빈칸에 알맞은 모양말을 보기 에서 찾아 넣고, 다시 쓰세요.

보기 깨끗하다, 더럽다, 낮다, 높다

아파트가 (　　　　　).

초가집이 (　　　　　).

유리창이 (　　　　　).

유리창이 (　　　　　).

빈칸에 알맞은 모양말을 보기 에서 찾아 넣고, 다시 쓰세요.

보기 넓다, 좁다, 느리다, 빠르다

토끼가 (　　　　　　).

거북이 (　　　　　　).

방석이 (　　　　　　).

방석이 (　　　　　　).

[정답] 빠르다, 토끼가 빠르다. 느리다, 거북이 느리다. 좁다, 방석이 좁다. 넓다, 방석이 넓다.

빈칸에 알맞은 모양말을 [보기] 에서 찾아 넣고, 다시 쓰세요.

[보기] 덥다, 춥다, 뜨겁다, 차갑다

겨울은 (　　　　　　　).

여름은 (　　　　　　　).

아이스크림이 (　　　　　　　).

군고구마가 (　　　　　　　).

빈칸에 알맞은 **모양말**을 [보기]에서 찾아 넣고, 다시 쓰세요.

[보기]   밝다, 어둡다, 쉽다, 어렵다

문제가 (   ).

문제가 (   ).

방이 (   ).

방이 (   ).

[정답] 쉽다, 문제가 쉽다, 어렵다, 문제가 어렵다, 밝다, 방이 밝다, 어둡다, 방이 어둡다

빈칸에 알맞은 모양말을 보기 에서 찾아 넣고, 다시 쓰세요.

보기 많다, 적다, 작다, 크다

꽃이 (   ).

꽃이 (   ).

코끼리가 (   ).

생쥐가 (   ).

빈칸에 알맞은 모양말을 보기 에서 찾아 넣고, 다시 쓰세요.

보기 가늘은, 굵은, 가까운, 먼

(굵은) 가지.

굵은 가지

(   ) 가지.

(   ) 학교.

(   ) 학교.

[정답] 굵은, 굵은 가지, 가늘은, 가늘은 가지, 먼, 먼 학교, 가까운, 가까운 학교

빈칸에 알맞은 모양말을 보기 에서 찾아 넣고, 다시 쓰세요.

보기 가벼운, 무거운, 얇은, 두꺼운

(   ) 역기.

(   ) 역기.

(   ) 동화책.

(   ) 동화책.

[정답] 무거운 역기, 무거운 역기, 가벼운 역기, 가벼운 역기, 얇은 동화책, 얇은 동화책, 두꺼운 동화책, 두꺼운 동화책

빈칸에 알맞은 모양말을 보기 에서 찾아 넣고, 다시 쓰세요.

보기 긴, 짧은, 깊은, 얕은

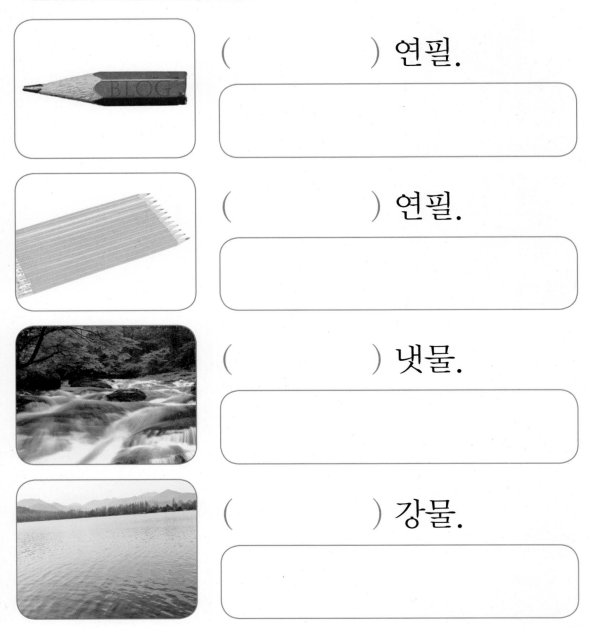

(　　　　　) 연필.

(　　　　　) 연필.

(　　　　　) 냇물.

(　　　　　) 강물.

[정답] 짧은, 짧은, 긴, 긴, 얕은, 얕은, 깊은, 깊은, 긴, 긴, 짧은, 짧은

빈칸에 알맞은 모양말을 [보기]에서 찾아 넣고, 다시 쓰세요.

[보기] 깨끗한, 더러운, 낮은, 높은

(　　　　) 아파트.

(　　　　　　　　　　　　　　　)

(　　　　) 초가집.

(　　　　　　　　　　　　　　　)

(　　　　) 유리창.

(　　　　　　　　　　　　　　　)

(　　　　) 유리창.

(　　　　　　　　　　　　　　　)

빈칸에 알맞은 모양말을 보기 에서 찾아 넣고, 다시 쓰세요.

보기 넓은, 좁은, 느린, 빠른

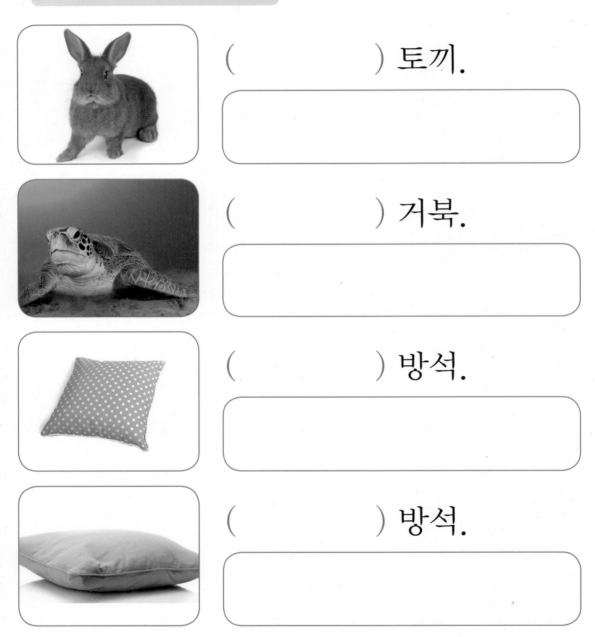

(   ) 토끼.

(   ) 거북.

(   ) 방석.

(   ) 방석.

[정답] 빠른, 빠른 토끼. 느린, 느린 거북. 넓은, 넓은 방석. 좁은, 좁은 방석.

빈칸에 알맞은 모양말을 보기 에서 찾아 넣고, 다시 쓰세요.

보기 더운, 추운, 뜨거운, 차가운

(　　　　) 겨울.

(　　　　) 여름.

(　　　　) 아이스크림.

(　　　　) 군고구마.

빈칸에 알맞은 모양말을 보기 에서 찾아 넣고, 다시 쓰세요.

보기 밝은, 어두운, 쉬운, 어려운

(   ) 문제.

(   ) 문제.

(   ) 방.

(   ) 방.

빈칸에 알맞은 모양말을 보기 에서 찾아 넣고, 다시 쓰세요.

보기 많은, 적은, 큰, 작은

(　　　　) 꽃.

(　　　　) 꽃.

(　　　　) 코끼리.

(　　　　) 생쥐.

헷갈리는 말

빈칸에 알맞은 헷갈리는 말을 보기 에서 찾아 넣고, 다시 쓰세요.

보기   나르다, 날다

나비가 하늘을 (날다).

나비가 하늘을 날다.

삼촌이 짐을 (   ).

개미가 먹이를 (   ).

비행기가 하늘을 (   ).

정답] 날다, 나비가 하늘을 날다, 나르다, 삼촌이 짐을 나르다, 나르다, 개미가 먹이를 나르다.
날다, 비행기가 하늘을 날다.

빈칸에 알맞은 헷갈리는 말을 보기 에서 찾아 넣고, 다시 쓰세요.

보기 젖다, 젓다

맛있는 커피를 (　　　).

비에 옷이 (　　　).

땀으로 흠뻑 (　　　).

죽을 섞기 위해 (　　　).

[정답] 젓다, 맛있는 커피를 젓다, 젖다, 비에 옷이 젖다, 젓다, 땀으로 흠뻑 젖다, 젓다, 죽을 섞기 위해 젓다.

빈칸에 알맞은 헷갈리는 말을 [보기]에서 찾아 넣고, 다시 쓰세요.

[보기] 들르다, 들리다

병원에 (　　　).

목소리가 (　　　).

피아노 소리가 (　　　).

가게에 (　　　).

[정답] 병원에 들르다. 들르다, 목소리가 들리다, 들리다, 피아노 소리가 들리다, 들리다, 가게에 들르다, 들르다.

빈칸에 알맞은 헷갈리는 말을 보기 에서 찾아 넣고, 다시 쓰세요.

보기 작다, 적다

아기 손이 (   ).

그릇의 밥이 (   ).

종이의 크기가 (   ).

주스의 양이 (   ).

주스의 양이 적다.
[정답] 작다. 아기 손이 작다. 적다. 그릇의 밥이 적다. 작다. 종이의 크기가 작다.

제5장 헷갈리는 말 87

빈칸에 알맞은 헷갈리는 말을 _{보기} 에서 찾아 넣고, 다시 쓰세요.

_{보기} 부치다, 붙이다

봉투를 (　　　　).

편지를 (　　　　).

소포를 (　　　　).

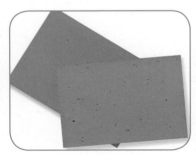

두 장의 종이를 (　　　　).

[정답] 붙이다, 봉투를 붙이다, 부치다, 편지를 부치다, 부치다, 소포를 부치다, 붙이다,
두 장의 종이를 붙이다.

빈칸에 알맞은 헷갈리는 말을 보기 에서 찾아 넣고, 다시 쓰세요.

보기 너머, 넘어

고개 (   ) 우리 마을.

담을 (   ) 가는 도둑.

우리는 산을 (   ) 갔다.

강을 (   ) 보이는 집.

[정답] 너머, 고개 너머 우리 마을, 넘어, 담을 넘어 가는 도둑, 넘어, 우리는 산을 넘어 갔다, 너머, 강을 너머 보이는 집

02 헷갈리는 말

빈칸에 알맞은 헷갈리는 말을 [보기]에서 찾아 넣고, 다시 쓰세요.

[보기] 매다, 메다

운동화 끈을 (   ).

어깨에 짐을 (   ).

총을 (   ).

소를 말뚝에 (   ).

[정답] 운동화 끈을 매다. 매다. 어깨에 짐을 메다. 메다. 총을 메다. 메다. 소를 말뚝에 매다. 매다.

빈칸에 알맞은 **헷갈리는 말**을 보기 에서 찾아 넣고, 다시 쓰세요.

보기 낫다, 낮다

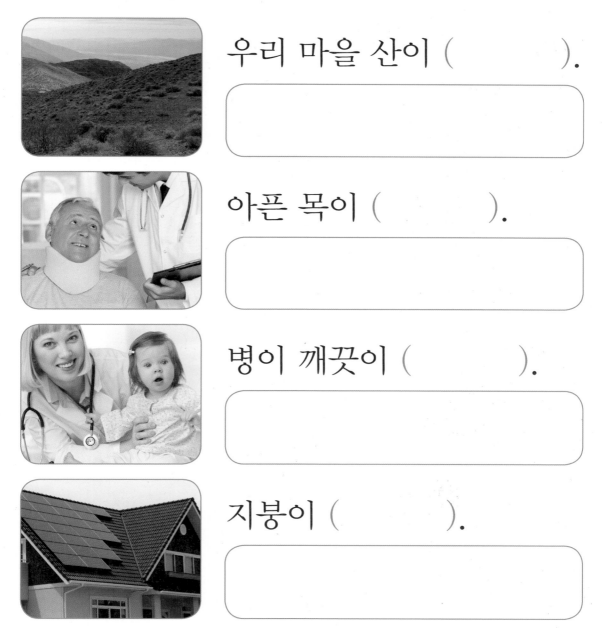

우리 마을 산이 (　　　　).

아픈 목이 (　　　　).

병이 깨끗이 (　　　　).

지붕이 (　　　　).

빈칸에 알맞은 헷갈리는 말을 [보기] 에서 찾아 넣고, 다시 쓰세요.

[보기] 장수, 장사

아저씨는 (　　　)입니다.

사과 (　　　)를 합니다.

삼촌은 생선 (　　　)입니다.

(　　)가 잘 되어 돈을 벌었습니다.

빈칸에 알맞은 헷갈리는 말을 보기 에서 찾아 넣고, 다시 쓰세요.

보기 달다, 닳다

오래된 옷이 (　　　　).

맛있는 사탕이 (　　　　).

꿀이 (　　　　).

신발이 (　　　　).

[정답] 달다. 오래된 옷이 닳다. 달다. 맛있는 사탕이 달다. 달다. 꿀이 달다. 달다. 신발이 닳다.

빈칸에 알맞은 헷갈리는 말을 보기 에서 찾아 넣고, 다시 쓰세요.

보기 때, 떼

새 (　　　　)가 하늘을 난다.

그릇을 씻고 있을 (　　　　).

친구들이 (　　)로 몰려다닌다.

점심(　　　　)가 되었다.

빈칸에 알맞은 헷갈리는 말을 [보기] 에서 찾아 넣고, 다시 쓰세요.

[보기] 낫, 낮

(   )으로 풀을 베었다.

(   )에 사람들이 일한다.

(   )에 해가 쨍쨍 뜬다.

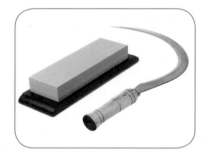

숫돌에 (   )을 갈았다.

[정답] 낫, 낫으로 풀을 베었다. 낮, 낮에 사람들이 일한다. 낮, 낮에 해가 쨍쨍 뜬다. 낫,
숫돌에 낫을 갈았다.

제5장 헷갈리는 말 95

빈칸에 알맞은 헷갈리는 말을 보기 에서 찾아 넣고, 다시 쓰세요.

보기 잊다, 잃다

나쁜 기억을 (　　　　).

중요한 약속을 (　　　　).

예쁜 가방을 (　　　　).

산속에서 길을 (　　　　).

빈칸에 알맞은 헷갈리는 말을 보기 에서 찾아 넣고, 다시 쓰세요.

보기 읽다, 익다

감이 주황색으로 (   ).

위인전을 재미있게 (   ).

친구가 보낸 편지를 (   ).

군고구마가 잘 (   ).

빈칸에 알맞은 헷갈리는 말을 보기 에서 찾아 넣고, 다시 쓰세요.

보기 잇다, 있다

끊어진 다리를 (   ).

필통에 연필이 (   ).

짧은 끈을 (   ).

나에게 예쁜 동생이 (   ).

[정답] 잇다, 끊어진 다리를 잇다, 잇다, 있다, 연필이 필통에 있다, 있다, 있다, 짧은 끈을 잇다, 잇다, 있다, 나에게 예쁜 동생이 있다.

빈칸에 알맞은 헷갈리는 말을 [보기]에서 찾아 넣고, 다시 쓰세요.

[보기] 세다, 새다

씨름 선수는 힘이 (   ).

구멍에서 물이 (   ).

선풍기의 바람이 (   ).

풍선의 바람이 (   ).

빈칸에 알맞은 헷갈리는 말을 [보기]에서 찾아 넣고, 다시 쓰세요.

[보기] 피다, 펴다

봄이 되어 꽃이 ( ).

접은 종이를 ( ).

보자기를 ( ).

꽃 봉오리에서 꽃이 ( ).

빈칸에 알맞은 헷갈리는 말을 보기에서 찾아 넣고, 다시 쓰세요.

보기 찢다, 찧다

방아를 (   ).

종이를 (   ).

무거운 짐이 발등을 (   ).

다 본 책을 (   ).

[정답] 찧다, 유아를 찧다. 찧다, 종이를 찢다. 찢다. 짐이 발등을 찧다. 찧다. 다 본 책을 찢다.

육하원칙

다음 물음을 읽고 답하세요.

김철수

누구입니까?

> 김철수입니다.

이보람

누구입니까?

노해민

누구입니까?

박소라

누구입니까?

[정답] 김철수입니다. 이보람입니다. 노해민입니다. 박소라입니다.

다음 물음을 읽고 답하세요.

할아버지

누구입니까?

할머니

누구입니까?

아버지

누구입니까?

어머니

누구입니까?

[정답] 할아버지입니다. 할머니입니다. 아버지입니다. 어머니입니다.

다음 물음을 읽고 답하세요.

누나

누구입니까?

형

누구입니까?

동생

누구입니까?

아기

누구입니까?

[정답] 누나입니다. 형입니다. 동생입니다. 아기입니다.

다음 물음을 읽고 답하세요.

세종대왕

누구입니까?

이순신

누구입니까?

대통령

누구입니까?

경찰

누구입니까?

[정답] 세종대왕입니다. 이순신입니다. 대통령입니다. 경찰입니다.

다음 물음을 읽고 답하세요.

Tomorrow 내일	언제 갑니까?
Day after tomorrow 모레	언제 갑니까?
Today 오늘	언제 갑니까?
After a while 잠시 후에	언제 갑니까?

[정답] 내일 갑니다. 모레 갑니다. 오늘 갑니다. 잠시 후에 갑니다.

다음 물음을 읽고 답하세요.

Tomorrow

내일

언제 옵니까?

Day after
tomorrow

모레

언제 옵니까?

Today

오늘

언제 옵니까?

After a
while

잠시 후에

언제 옵니까?

다음 물음을 읽고 답하세요.

Tomorrow 내일	언제 봅니까? 내일 봅니다.
Day after tomorrow 모레	언제 봅니까?
Today 오늘	언제 봅니까?
After a while 잠시 후에	언제 봅니까?

정답] 내일 봅니다. 모레 봅니다. 오늘 봅니다. 잠시 후에 봅니다.

다음 물음을 읽고 답하세요.

Tomorrow
내일

언제 끝납니까?

Day after tomorrow
모레

언제 끝납니까?

Today
오늘

언제 끝납니까?

After a while
잠시 후에

언제 끝납니까?

[정답] 내일 끝납니다. 모레 끝납니다. 오늘 끝납니다. 잠시 후에 끝납니다.

다음 물음을 읽고 답하세요.

공원

어디에서 합니까?

집

어디에서 합니까?

영화관

어디에서 합니까?

운동장

어디에서 합니까?

[정답] 공원에서 합니다, 집에서 합니다, 영화관에서 합니다, 운동장에서 합니다.

다음 물음을 읽고 답하세요.

예식장

어디에서 합니까?

학교

어디에서 합니까?

놀이터

어디에서 합니까?

회관

어디에서 합니까?

[정답] 예식장에서 합니다, 학교에서 합니다, 놀이터에서 합니다, 회관에서 합니다.

다음 물음을 읽고 답하세요.

시장

어디에서 합니까?

산

어디에서 합니까?

논

어디에서 합니까?

호수

어디에서 합니까?

[정답] 시장에서 합니다, 산에서 합니다, 논에서 합니다, 호수에서 합니다.

다음 물음을 읽고 답하세요.

부엌

어디에서 합니까?

거실

어디에서 합니까?

방

어디에서 합니까?

목욕탕

어디에서 합니까?

다음 물음을 읽고 답하세요.

등산

무엇을 합니까?

운전

무엇을 합니까?

일

무엇을 합니까?

줄넘기

무엇을 합니까?

[정답] 등산을 합니다. 운전을 합니다. 일을 합니다. 줄넘기를 합니다.

다음 물음을 읽고 답하세요.

노래

무엇을 합니까?

체조

무엇을 합니까?

무용

무엇을 합니까?

공부

무엇을 합니까?

다음 물음을 읽고 답하세요.

축구

무엇을 합니까?

배구

무엇을 합니까?

야구

무엇을 합니까?

탁구

무엇을 합니까?

[정답] 축구를 합니다. 배구를 합니다. 야구를 합니다. 탁구를 합니다.

다음 물음을 읽고 답하세요.

요리

무엇을 합니까?

청소

무엇을 합니까?

낚시

무엇을 합니까?

수영

무엇을 합니까?

[정답] 요리를 합니다. 청소를 합니다. 낚시를 합니다. 수영을 합니다.

다음 물음을 읽고 답을 따라 쓰세요.

왜 운동을 합니까?

건강하려고요.

왜 청소를 합니까?

깨끗하게 하려고요.

왜 책을 읽습니까?

재미있기 때문에요.

왜 이불을 펼칩니까?

잠을 자려고요.

다음 물음을 읽고 답을 따라 쓰세요.

왜 가방을 멥니까?

학교 가려고요.

왜 크레파스를 찾습니까?

그림을 그리려고요.

왜 빵을 삽니까?

먹으려고요.

왜 병원에 갑니까?

아파서요.

다음 물음을 읽고 답을 따라 쓰세요.

왜 산에 오릅니까?

운동을 하려고요.

왜 선물을 삽니까?

친구에게 주려고요.

왜 시장에 갑니까?

물건을 사려고요.

왜 바다에 왔습니까?

구경을 하려고요.

다음 물음을 읽고 답을 따라 쓰세요.

왜 요리를 합니까?

먹으려고요.

왜 비행기를 탑니까?

여행하려고요.

왜 강아지를 삽니까?

키우려고요.

왜 꽃을 삽니까?

선물하려고요.

다음 물음을 읽고 답을 따라 쓰세요.

나비가 어떻게 합니까?

나비가 납니다.

새가 어떻게 합니까?

새가 웁니다.

아기가 어떻게 합니까?

아기가 걷습니다.

토끼가 어떻게 합니까?

토끼가 뜁니다.

다음 물음을 읽고 답을 따라 쓰세요.

강아지가 어떻게 합니까?

강아지가 잡니다.

꽃이 어떻게 합니까?

꽃이 핍니다.

말이 어떻게 합니까?

말이 달립니다.

버스가 어떻게 합니까?

버스가 옵니다.

다음 물음을 읽고 답을 따라 쓰세요.

공을 어떻게 합니까?

> 공을 찹니다.

손을 어떻게 합니까?

> 손을 씻습니다.

옷을 어떻게 합니까?

> 옷을 입습니다.

책을 어떻게 합니까?

> 책을 읽습니다.

다음 물음을 읽고 답을 따라 쓰세요.

활을 어떻게 합니까?

활을 쏩니다.

이를 어떻게 합니까?

이를 닦습니다.

배를 어떻게 합니까?

배를 탑니다.

주스를 어떻게 합니까?

주스를 마십니다.

문장 부호

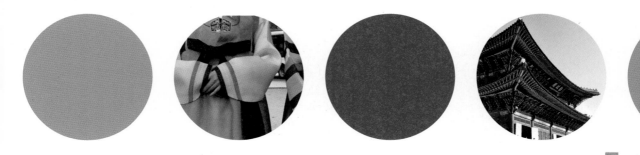

문장 부호는 문장의 뜻을 돕거나 문장을 구별하여 읽고 알아보기 쉽게 하기 위하여 쓰이는 부호입니다.

1. 마침표(.) ▪

(1) 설명하는 말이 끝날 때 쓴다.
> 예 나는 인형을 좋아한다. 공부를 열심히 해라. 학교에 가자.

(2) 제목이나 표어에는 쓰지 않는다.
> 예 압록강은 흐른다(표제어)　꺼진 불도 다시 보자(표어)

(3) 풀이하는 문장, 시키는 문장, 권유하는 문장의 뒤에 쓴다.
> 예 장미꽃이 아름답다. 청소를 하시오. 청소를 합시다.

(4) 아라비아 숫자만으로 연월일을 표시할 적에 쓴다.
> 예 1919. 3. 1. (1919년 3월 1일)

2. 물음표(?) ？

(1) 의심이나 물음을 나타낸다.
> 예 언제 오니? 어디 가니?

3. 느낌표(!) ！

(1) 감탄이나 놀람, 부르짖음 등 강한 느낌을 나타낼 때 쓴다.
> 예 앗! 아, 꽃이 정말 예쁘구나!

(2) 강한 명령문 또는 청유문에 쓴다.
> 예 지금 즉시 대답해! 부디 몸조하도록!

(3) 감정을 넣어 다른 사람을 부르거나 대답할 때에 쓴다.
> 예 예 경수야! 예, 도련님!

(4) 물음의 말로써 놀람이나 항의의 뜻을 나타내는 경우에 쓴다.
> 예 이게 누구야! 내가 어때서!

4. 쉼표(,) ,

(1) 문장 안에서 짧은 쉼을 나타낼 때 쓴다.
  예 순이도 달렸고, 민수도 달렸다.

(2) 같은 자격의 어구가 열거될 때에 쓴다.
  예 전자레인지, 커피포트, 텔레비전은 가전제품이다.

(3) 바로 다음의 말을 꾸미지 않을 때에 쓴다.
  예 슬픈 사연을 간직한, 경주 불국사의 무영탑

(4) 부르는 말이나 대답하는 말 뒤에 쓴다.
  예 민수야, 이리 오너라.   예, 지금 갈게요.

(5) 제시어 다음에 쓴다.
  예 버섯, 이것을 다 먹을 수 있는 것은 아니다.

5. 가운뎃점(·)

(1) 쉼표로 열거된 어구가 다시 여러 단위로 나누어질 때에 쓴다.
  예 미수 · 길영, 철현 · 두준이가 서로 팀이 되어 게임을 하였다.

(2) 특정한 의미를 가지는 날을 나타내는 숫자에 쓴다.
  예 3 · 1 운동, 8 · 15 광복

(3) 같은 계열의 단어 사이에 쓴다.
  예 경북 · 경남 두 도를 합하여 경상도라고 한다.

6. 쌍점(:)

(1) 포함되는 종류를 들 적에 쓴다.
  예 문방사우 : 붓, 먹, 벼루, 종이

(2) 시와 분, 장과 절 따위를 구별할 때나, 둘 이상을 대비할 때에 쓴다.
  예 오전 9 : 10 (오전 9시 10분)   마가복음 4 : 12 (마가복음 4장 12절)

7. 큰따옴표(" ")

(1) 글 가운데서 직접 대화를 표시할 때에 쓴다.

예 "전기가 없었을 때는 어떻게 책을 보았을까?"

(2) 남의 말을 인용할 경우에 쓴다.

예 예로부터 "하늘은 노력하는 자를 돕는다."라고 하였다.

8. 작은따옴표(' ')

(1) 따온 말 가운데 다시 따온 말이 들어 있을 때에 쓴다.

예 "정수야, '개천에서 용난다.'고 하잖아."

(2) 마음 속으로 한 말을 적을 때에 쓴다.

예 '만약 내가 이런 모습으로 돌아간다면 모두들 깜짝 놀라겠지.'

9. 말줄임표(……)

(1) 할 말을 줄였을 때에 쓴다.

예 "좋아, 그렇다면 ……." 하고 할 말을 하지 않았다.

(2) 말이 없음을 나타낼 때에 쓴다.

예 "나에게 말해 줄 수 있니?"

　　"……."

01 문장 부호 – 마침표(.)

다음 문장 부호를 생각하며 글을 읽어 보세요.

거북이가 엉금엉금 기어갑니다.

적절한 곳에 마침표를 써 넣으세요.

	사	과	는		과	일	입	니	다	.	
	토	끼	가		깡	충	깡	충		뛰	어
갑	니	다	.								

	나	비	가		팔	랑	팔	랑		날	아
갑	니	다	.								

	한		아	이	가		그	네	를		타
고		있	습	니	다	.					

	문	구	점	에	서		지	우	개		한
개	만		사		오	너	라	.			

	우	리		같	이		청	소	를		하
자	.										

다음 문장 부호를 생각하며 글을 읽어 보세요.

진수야, 어디 가니?

적절한 곳에 물음표를 써 넣으세요.

	그		동	화	책		재	미	있	니	?
	어	머	니	께	서	는		건	강	히	
계	시	니	?								
	우	유	를		어	디	에		두	었	습
니	까	?									
	제	가		무	엇	을		도	와	드	릴
까	요	?									
	현	빈	이	가		어	디	로		갔	나
요	?										
	삼	촌	은		언	제		우	리	집	에
오	십	니	까	?							

03 문장 부호 – 느낌표(!)

다음 문장 부호를 생각하며 글을 읽어 보세요.

장미꽃이 너무 아름다워!

적절한 곳에 느낌표를 써 넣으세요.

	정	말		슬	프	구	나	!		

	그		영	화	는		정	말		감	동
적	이	었	어	!							

	밤	하	늘	의		별	이		정	말
아	름	답	게		반	짝	거	려	!	

	배	가		너	무		아	파	!	

	숲	속	의		호	랑	이	가		너	무
무	서	웠	어	!							

	엄	마	,	오	늘	의		요	리	가
최	고	로		맛	있	었	어	요	!	

	아	이	구	,	깜	짝	이	야		!	

다음 문장 부호를 생각하며 글을 읽어 보세요.

경수야, 이리 와.

적절한 곳에 쉼표를 써 넣으세요.

	민	철	아	,	어	디		가	니	?	

| | 먼 | 저 | | 토 | 끼 | 가 | | 달 | 렸 | 고 | , |
| 다 | 음 | 에 | | 거 | 북 | 이 | | 달 | 렸 | 다 | . |

| | 야 | 구 | 공 | , | 배 | 구 | 공 | , | 배 | 드 | 민 |
| 턴 | 공 | 은 | | 모 | 두 | | 둥 | 글 | 다 | . | |

| | 아 | 름 | 답 | 기 | 로 | | 유 | 명 | 한 | , | 가 |
| 난 | 한 | | 가 | 정 | 의 | | 딸 | . | | | |

| | 사 | 과 | , | 이 | 것 | 은 | | 과 | 일 | | 중 |
| 의 | | 최 | 고 | | 맛 | 이 | 다 | . | | | |

| | 라 | 디 | 오 | , | 텔 | 레 | 비 | 전 | , | 오 | 디 |
| 오 | 는 | | 가 | 전 | 제 | 품 | 이 | 다 | . | | |

다음 문장 부호를 생각하며 글을 읽어 보세요.

3 · 1 운동을 기념하기 위해 태극기를 달았다.

적절한 곳에 가운뎃점을 써 넣으세요.

	8	·	15	일	은		광	복	절	이	다	.

	미	라	·	보	람	,	철	수	·	대	영
이	가		팀	이		되	었	습	니	다	.

	전	북	·	전	남	을		합	하	여	
전	라	도	라		부	릅	니	다	.		

	3	월		1	일	은		3	·	1		운
동	이		일	어	난		날	입	니	다	.	

	동	물	·	식	물	을		아	울	러	
동	식	물	이	라		부	릅	니	다	.	

	동	사	·	형	용	사	를		합	하	여
용	언	이	라		한	다	.				

다음 문장 부호를 생각하며 글을 읽어 보세요.

문방사우 : 붓, 먹, 벼루, 종이

적절한 곳에 쌍점을 써 넣으세요.

	일	시	:	2	월		13	일		10	시
	문	장		부	호	:	마	침	표	,	물
음	표	,	쉼	표	,	느	낌	표		등	.
	물	음	표	:	의	심	이	나		물	음
을		나	타	낼		때		쓴	다	.	
	정	약	용	:	목	민	심	서	,	경	세
유	표	.									
	마	가		4	:	12	(	마	가	복	음
4	장		12	절	)						
	13	:	11	(	13	대		11	)		
	오	전		9	:	30					

다음 문장 부호를 생각하며 글을 읽어 보세요.

"거기 서라."라고 소리쳤습니다.

적절한 곳에 큰따옴표를 써 넣으세요.

	"	나		좀		도	와		줘	.	"

	"	사	람	은		사	회	적		동	물
이	다	.	"	라	고		말	했	다	.	

	"	누	구	야	?	라	고		크	게	
소	리	쳤	습	니	다	.	"				

	"	어	디		가	니	?	"			
	"	삼	촌	댁	에		간	다	.		

	"	같	이		놀	자	.				
	"	그	래	,	어	디	서	?	"		

	"	예	로	부	터		민	심	은		천
심	이	다	.	라	고		했	단	다	.	"

다음 문장 부호를 생각하며 글을 읽어 보세요.

"음식은 '맛을 봐야 안다.' 라고 했지."

적절한 곳에 작은따옴표를 써 넣으세요.

	"	미	림	아	,	'	개	천	에	서	
	용	난	다	.	'	고		하	잖	아	. "

	'	내	가		갑	자	기		나	타	나
	면		친	구	들	이		깜	짝		놀
	라	겠	지	.	'						

	지	금		우	리	에	게		꼭		필
요	한		것	은			'	빵	'	이	야	.

	지	금		우	리	가		할		일	은
	'	공	부	'	야	.					

	'	꼭		시	험	에		합	격	하	겠
	다	.	'	고		마	음	먹	었	다	.

다음 문장 부호를 생각하며 글을 읽어 보세요.

"그래, 나하고 한 판 …….”
라고 현빈이가 말했다.

적절한 곳에 말줄임표를 써 넣으세요.

	수	철	이	가		빨	리		말	했	다.
	"	빨	리		와	야		해	.	"	
	"	…	…	. ”							
	수	철	이	의		말	에		보	라	는
말	이		없	었	다	.					

| | " | 네 | 가 | … | 내 | | 공 | 책 | 을 | | 이 |
| 렇 | 게 | … | … | . ” | | | | | | | |

	"	야	이		야	이	야	,	…	…	. ”
	노	래		부	르	던		미	영	이	가
노	래	를		멈	추	었	습	니	다	.	